AF233595

ÉLOGE FUNÈBRE

DU GRAND RABBIN

SALOMON ULMANN

Prononcé dans le Temple consistorial

Le 9 IYAR (23 Avril 1866)

PREMIER ANNIVERSAIRE DE SA MORT

Par M. MAYER

RABBIN ADJOINT A M. LE GRAND RABBIN DE PARIS

PARIS

IMPRIMERIE DE A. WITTERSHEIM,

RUE MONTMORENCY, 8.

1866

ÉLOGE FUNÈBRE

DU GRAND RABBIN

SALOMON ULMANN

PRONONCÉ DANS LE TEMPLE CONSISTORIAL

LE 9 IYAR (23 avril 1866), premier anniversaire de sa mort

Par M. MAYER

Rabbin adjoint à M. le grand rabbin de Paris

MES TRÈS-CHERS FRÈRES,

Il y a un an, lorsque la nouvelle de la mort du grand rabbin Ulmann vint frapper nos cœurs comme un coup de foudre, vous avez entendu et vous avez proféré vous-mêmes, comme jadis le prophète Jérémie, devant les ruines du temple, cette exclamation, ce cri de douleur :

רוח אפינו משיח ה׳ נלכד אשר אמרנו בצלו נחיה בגוים

« Celui qui entretenait en nous le souffle de la vie reli-
» gieuse, celui dont nous disions : A son ombre et sous sa
» vigilance, nous vivrons pieux et respectés au milieu des
» nations, l'élu du Seigneur n'est plus, il a été enlevé par
» la mort. (*Lamentations*, 4, 20.) »

« Ce malheur pèse encore aujourd'hui sur nos cœurs,
» couvre encore aujourd'hui nos yeux d'un sombre nuage.
» (*Ibid.* 5, 17.) » Car, ce n'était pas un malheur privé, un simple deuil de famille, c'était une perte pour tout Israël.

גדולה ת״ת יותר מבנין בית המקדש

Nos sages disent : « Celui qui répand la science religieuse fait plus que rebâtir le temple; » il fait adorer Dieu avec intelligence et avec cœur, il fait descendre la Majesté divine sur la terre. Aussi, quand il meurt, quand il disparaît, c'est pour nous un deuil semblable à celui que causa la ruine du temple.

א'ר מאיר כל המברך את הצדיקים כאלו מברך את השכינה

« Bénir, louer le juste, dit Rabbi Méir, c'est louer Dieu » lui-même (1). »

C'est cette maxime, mes frères, qui nous a décidés a vous convoquer aujourd'hui pour louer Rabbi Salomon Ulmann, ce juste d'une perfection rare, ce pasteur éminent, qui fut aussi grand dans le village que dans la capitale; aussi affable, aussi modeste sur le siége du grand rabbin de France que sur celui du sous-rabbin de l'Alsace. Partout où il a passé, pendant son existence, trop courte hélas! pour nous, à Saverne, à Strasbourg, à Metz, à Lauterbourg, à Nancy, à Paris, partout il s'est attaché les cœurs par sa douceur, par sa bienveillance, par son exquise charité; partout il s'est concilié les esprits par sa science aussi profonde que variée, par sa dignité d'autant plus noble qu'elle était plus simple et plus vraie. Partout aussi il laisse de justes et légitimes regrets.

Nous ne pouvons laisser passer l'anniversaire de sa mort sans essayer de faire revivre parmi nous son image vénérée, sans essayer de puiser, dans le souvenir de sa vie et de son exemple, des instructions et des encouragements pour accomplir chacun notre tâche, pour remplir, autant que nous le pouvons, le vide qu'il laisse au milieu de nous.

La voix éloquente et affectueuse du premier pasteur de cette synagogue vous a retracé, d'une manière touchante, ce

(1) Midrasche Tanchouma Waïechi.

caractère et ces vertus presque incomparables, vous a montré que Salomon Ulmann était le modèle du digne ministre et dévoué serviteur de Dieu. Vous l'avez attesté vous-mêmes, de la manière la plus expressive, par la profonde et douloureuse émotion qui entourait ici ses dépouilles mortelles. Son plus grand éloge est imprimé dans nos esprits et dans nos cœurs par le souvenir de ce qu'il a été et de ce qu'il a fait. Tout autre éloge pâlit devant celui-là, comme l'argent devant l'or.

Si nous l'entreprenons néanmoins, c'est dans le dessein de fixer davantage encore notre attention sur ces vertus que nous ne saurions trop méditer, c'est dans le dessein de les faire servir encore à notre salut, à notre préparation, je ne dirai pas à la mort, mais à l'immortalité; c'est le plus beau, le plus digne hommage que nous puissions lui rendre, c'est le seul qu'il souhaite dans le ciel, le seul qu'il ait agréé sur la terre.

Où chercherons-nous, mes frères, des expressions qui soient à la hauteur de notre sujet, si ce n'est dans les saintes Écritures et dans les livres de nos docteurs, qui étaient le pain quotidien dont se nourrissait Rabbi Salomon Ulmann? Où trouverons-nous des couleurs assez pures pour dépeindre cette âme d'élite, si ce n'est dans les portraits que nous ont laissés nos prophètes et nos sages?

Vous connaissez, et l'on vous a cité, ce portrait que le prophète Malachie fait du pontife :

תורת אמת היתה בפיהו ועולה לא נמצא בשפתיו בשלום ובמישור
הלך אתי ורבים השיב מעון

« La loi de la vérité était dans sa bouche; jamais l'ini-
» quité n'a souillé ses lèvres; il a toujours marché avec Dieu
» dans le chemin de la droiture et de la paix; il a toujours
» détourné les hommes du péché. (2, 6.) »

A entendre ces paroles, ne diriez-vous pas que c'est Salomon Ulmann qui les a inspirées?

Le Talmud dit que Dieu partage sa journée entre trois occupations : il répand la connaissance de la Thora; il écoute, observe et juge le monde; il pourvoit aux besoins de ses créatures; en un mot, il exerce sa science, sa justice et sa bonté.

Ne voyez-vous pas clairement que c'est sur ce modèle suprême que notre pasteur a réglé sa conduite et sa vie? אמת,דין ושלים· Ce sont là ses trois constantes occupations; c'est entre elles qu'il a distribué scrupuleusement tout son temps. Il étudiait ou enseignait la Thora; il recevait et entendait les hommes pour leur donner ses jugements et ses conseils; enfin, il portait secours et rendait service à ceux qui sollicitaient son intervention auprès des riches et des puissants.

Le Midrasch nous montre Dieu tenant dans une main la Thora, et dans l'autre, le symbole de la charité (1). Si vous vouliez vous représenter Rabbi Ulmann, pourriez-vous vous en faire une autre image?

Il n'est pas nécessaire, pour faire son éloge, de rien exagérer; ce serait d'ailleurs lui manquer à lui-même, qui aimait en tout l'exacte vérité; mais ne pouvons-nous pas dire, sans crainte d'être démenti, qu'il était animé d'un esprit divin : ונחה עליו רוח ה' (Isaïe 11), qu'il portait la ceinture de la charité et de la foi, והיה צדק אזור מתניו והאמונה אזור חלציך, qu'il possédait les qualités qui appartenaient aux prophètes, à ces antiques docteurs et défenseurs de la loi, ces qualités que leur attribue le Talmud, et telles qu'elles sont définies par Ben-Zomâ; il était חכם עשיר גבור עניו, sage, riche

____

(1) Midrasch Raba Schophtim.

fort et modeste ; il possédait surtout la modestie à un si éminent degré que nous pouvons dire de lui, comme la Thora
de Moïse : והאיש שלמה עניו מאד.

Mes frères, tout le monde reconnaît que le pasteur que
nous venons de perdre fut au plus haut degré un הכם
un sage, toujours prêt à acquérir et à répandre la science
par ses disciples et par ses ouailles. Qui, plus que lui, a fait
des témoignages de la loi son constant objet d'étude, de mé-
ditation, d'enseignement et de réjouissance ? Il a pu dire,
avec le docteur et avec le psalmiste (119, 95) :

מכל מלמדי השכלתי כי עדותיך שיחה לי

Né avec un esprit laborieux et avide d'instruction, il n'a
cessé, jusqu'à son dernier jour, non-seulement de cultiver
la Thora, qu'il considérait comme le tronc de l'arbre de la
science, mais de cueillir à toutes les branches de cet arbre
les fruits les plus variés et les plus succulents que puisse
rechercher et goûter l'esprit humain.

Rien dans la Bible ou dans le Talmud ou dans leurs com-
mentaire, ne lui fut inconnu, et cependant jusqu'à sa der-
nière heure, conformément au précepte והגית בו יום ולילה, il
les a étudiés avec une avidité qui allait plutôt en augmentant
qu'en diminuant. Ayant fait par lui-même l'expérience de
cette maxime de nos sages : הפך בה והפך בה דכלה בה. Plus
je les revois, disait-il, plus j'y découvre de choses ravis-
santes, de vérités sublimes, de sentiments exquis, que je n'a-
vais point aperçus précédemment.

Il n'est pas resté sourd à ce conseil de nos docteurs, s'a-
dressant aux interprètes de la loi :

ת״ר ושננתם שיהו דברי תורה מחודדים בפיך שאם ישאל לך אדם
דבר, אל תגמגם ותאמר לו, אלא אמר לו מיד שנ׳ אמר לחכמה אחתי
את ,קשרם על אצבעתיך כתבם על לוח לבך

« Que les décisions de la loi soient toujours prêtes sur vos

» lèvres, afin que, si quelqu'un vient vous consulter, vous
» n'ayez pas à hésiter pour lui répondre, mais que vous
» puissiez le faire sur le champ (*Kidouschin*, 30). Qu'elles
» soient toujours prêtes dans vos mains comme la flèche
» dans le carquois du héros (*Psaume*, 127). Que la sagesse,
» que la Thora vous soit aussi familière que votre sœur ;
» qu'elle soit liée à vos doigts, gravée sur les tables de votre
» cœur (*Proverbe*, 7). »

La Thora, ainsi que les explications de la loi orale, en un mot, la loi de Dieu, cette inspiratrice de la vraie piété, de la vraie morale, de la vraie charité, voilà ce qui l'occupait sans cesse. Aussi l'avait-il toujours présente à l'esprit comme une œuvre qu'il s'était appropriée par l'étude. Aussi l'enseignait-il (nous le savons et nous ne l'oublierons jamais), avec cette clarté, cette précision, cet ordre, ce bon goût, cette juste mesure qui n'appartiennent qu'à la science profonde et solide.

Dans le choix de ses places, ce qu'il considérait avant tout, c'était la facilité d'étudier ou d'enseigner cette loi.

A son premier poste rabbinique, dans le village de Lauterbourg, il trouva une fondation pieuse, un *Beth* Hamidrasch, une maison dotée d'une bibliothèque religieuse et des revenus nécessaires pour répandre la science biblique et talmudique ; c'était le trésor qu'il enviait, depuis son enfance. Il en profita pour affermir et pour étendre sa science, ainsi que pour former des élèves. C'est là ce qui lui donna un si fort attachement pour cet humble poste qu'il occupa au début de sa carrière sacerdotale.

Quand il dut quitter Lauterbourg pour Nancy, une seule crainte le retenait, c'est que les exigences de cette charge plus élevée ne lui ôtassent le loisir et l'occasion de propager sa science de prédilection. Mais à peine arrivé dans cette ville, il sut faire naître, chez plusieurs jeunes gens distingués, le goût des livres sacrés.

Même crainte, à un degré plus fort encore, le tourmenta, lorsqu'il dut quitter Nancy pour Paris. Aussi, après sa nomination au Consistoire central, son unique vœu, sa première préoccupation fut de faire venir à ses côtés l'école des rabbins, pour prodiguer aux maîtres comme aux élèves ses lumineux et bienveillants conseils, pour donner au rabbinat français la science et le caractère qui seuls peuvent lui valoir une gloire solide.

Avec son tact fin, appréciant un des premiers les exigences de son époque, il n'était pas resté étranger aux sciences profanes, soit historiques, soit littéraires, soit mathématiques. Vous connaissez la pureté et l'élégance de son style, la noblesse et la générosité de ses sentiments, l'élévation et la justesse de ses pensées; vous les avez admirées et vous pouvez les admirer encore dans ses sermons et dans ses lettres pastorales.

Il n'a publié d'ouvrage que pour la jeunesse. Savez-vous, mes frères, pourquoi il a surtout travaillé pour les enfants? C'est que son cœur pur et tendre aimait à parler aux cœurs purs et tendres, dans lesquels il espérait mieux réussir à faire fructifier la semence de la vertu et de la piété. Mais le pain qu'il donnait aux faibles était également nourrissant pour les forts. Et bientôt nous mettrons entre vos mains la traduction d'un de nos meilleurs ouvrages de théologie où il a pris plaisir à revêtir d'une forme élégante et française les plus saines doctrines et les plus respectables principes du judaïsme.

Mes frères, Salomon Ulmann, zélé partisan du principe, ת'ת כנגד כלם (1), ajoutait avec les docteurs.

לא המדרש עיקר אלא המעשה (2).

Aussi vous pouvez voir en lui, un עשיר, un véritable riche, possédant la richesse des vertus et des bonnes œuvres, comme celle des sciences, amassant cette richesse indestructible qui nous accompagne et nous honore jusqu'au delà de la tombe. Sous le rapport des biens terrestres, il fut également riche, en ce qu'il fut toujours content de son sort, שמח בחלקו, et qu'il eut toujours de quoi satisfaire ses modestes désirs.

Soit que, jeune encore, il eût à travailler à la fois et pour s'instruire et pour entretenir son père, sa mère, ses frères et sœurs, soit qu'il fût placé à la tête d'une faible communauté, soit qu'il fût assis sur un siége consistorial, qu'il occupât même la première place du rabbinat français; partout et toujours, vous lui voyez la même vie, simple, sobre, laborieuse et heureuse.

Ce qu'il élevait avec ses revenus, c'étaient ses aumônes, les dépenses que lui dictaient ses sentiments de charité ou de haute convenance.

Quand il quittait un poste pour un autre plus élevé, il emportait l'affection de tous les membres de sa communauté, il emportait surtout la bénédiction des pauvres; de son côté, il leur conservait aussi sa sollicitude. Ceux qui avaient été une fois ses pauvres, il ne les abandonnait plus, il leur prodiguait ses bienfaits de loin comme de près. Nous ignorerons à jamais les secours considérables qu'il portait lui-même ou qu'il faisait parvenir par l'en-

(1) La science avant tout.
(2) Mais la science active et féconde.

tremise de sa digne compagne et de ses amis intimes.

D'un désintéressement sans égal, il n'attachait de prix à l'argent que comme moyen de venir en aide à ceux qui sont dans la détresse et dans la souffrance. Lévite selon le vœu de Dieu ה' הוא נחלתו. « L'Éternel est son partage, » l'Éternel est le bien qu'il ambitionne; les biens de la terre, il ne les souhaite, il ne les accepte que pour les consacrer à Dieu, pour soulager les hommes, pour faire honneur, non à sa personne, mais à son titre et à son rang.

Aussi fut-il le confident des cœurs oppressés, le consolateur des veuves et des orphelins, l'ami des savants et surtout des savants sans fortune.

Il a exercé la charité la plus délicate et la plus discrète envers le riche comme envers l'indigent, apprenant à l'un la meilleure manière de la pratiquer, à l'autre la meilleure manière de la mériter.

Il n'a pas fondé d'institution pour y inscrire son nom; mais il a tenu à ce que le malheureux fût secouru secrètement et efficacement, témoin l'œuvre qu'il a fondée à Nancy pour distribuer à domicile des remèdes et des secours aux malades.

Sa sollicitude s'étendait sur tous les besoins de l'homme; mais, ce à quoi il s'appliquait le plus (parce que c'était à ses yeux le service le plus honorable et pour celui qui le reçoit et pour celui qui le rend), c'était à éclairer les esprits, à améliorer les cœurs, à pourvoir aux besoins et à guérir les maladies de l'âme. C'est là ce qu'il aimait dans les fonctions du rabbin.

A cet homme, mes frères, il n'a manqué qu'une chose: la vigueur de la santé. Néanmoins, lorsqu'il s'agissait d'un devoir, il se montrait fort comme un גבור. Quelle âme forte n'a-t-il pas fallu pour soutenir ce corps depuis long-temps miné et affaibli? Qui a jamais su mieux que lui se maîtriser, se gouverner pour contenir sa douleur, pour conserver ses jours menacés, pour réunir, augmenter tous ses mérites? Oui, Salomon Ulmann fut un héros de piété, de charité et de science.

Sa vie nous montre que l'esprit patient et persévérant vaut mieux que le corps vigoureux, טוב ארך אפים מגבור, que la sagesse et la prudence valent mieux que la force physique טובה חכמה מגבורה. Personne plus que lui ne s'est montré ferme dans ses doctrines et dans ses principes, invariable dans sa manière de penser et d'agir.

Pour défendre la religion, sans perdre le calme et une juste modération, il déployait cette fermeté vigoureuse, opiniâtre même, qui ne se montre que chez les hommes convaincus et dévoués. Dans toutes les phases de son existence, il s'est montré invariablement fixé sur la voie du devoir et de la loi. Rien n'a pu l'en faire dévier, ni les railleries et les attaques des uns, ni l'exagération et le fanatisme des autres. Placé entre le courant du fanatisme et celui de l'incrédulité, il sut opposer des digues infranchissables à l'un et à l'autre, il sut résister à droite et à gauche et entretenir, au milieu d'Israël, une piété sage et vraie, seule féconde et bienfaisante.

Par la douceur de son caractère, par l'aménité de son langage, ainsi que par la force de ses convictions, il apaisait les colères, il calmait les irritations, il réconciliait les adversaires, il rétablissait la paix sur la justice et la vérité.

Pontife dévoué comme Aron, אהב שלום ורדף שלום אהב את הבריות ומקרבן לתורה, il aimait la paix et la poursuivait, il aimait les hommes, et les ramenait à Dieu et à la loi.

Mes frères, ce qui fut le principe et le couronnement de ses vertus, c'est, vous le savez, sa modestie, sa modestie d'autant plus vraie, qu'elle reposait sur des qualités très-réelles et très-étendues. Personne n'a suivi plus ponctuellement ce précepte de nos sages : מאד מאד הוי שפל רוח. « Soyez » de plus en plus humble et modeste. » Il ne se faisait pas remarquer; « il ne faisait ni de sa science ni de sa piété une » couronne pour se glorifier. » C'est d'autant plus à nous à le glorifier, à lui tresser la couronne de bonne renommée.

Il se faisait humble avec les humbles, presque ignorant avec les ignorants. Et quand un savant venait lui exposer ses réflexions ou ses découvertes, il l'écoutait en silence, mais son visage s'épanouissait, sa science s'y reflétait et perçait à travers ses jugements et ses appréciations, et le savant était étonné de se trouver devant un égal ou même devant un supérieur.

לא למראה עיניו ישפט ולא למשמע אזניו יוכיח

Pénétré des maximes de la Bible, il n'estimait ni l'éclat qui brille aux yeux, ni le bruit qui frappe les oreilles, il n'estimait, dans les personnes et dans les choses, que le fonds solide et non les apparences futiles et trompeuses. Il aimait la science et la vertu d'un amour pur; il les aimait pour elles-mêmes, non pour les avantages ou la réputation qu'elles donnent sur la terre; מצוה לשמה תורה לשמה, telle était sa devise.

Il portait sur son visage, comme Moïse, le voile de la modestie, sous lequel rayonnaient les grâces de la science et de la bonté.

Et nous pouvons dire : (*Psaume* 48) כשמך כן תהלתך « Tel est son nom, telle est sa louange; » il s'appelait ר׳ שלמה בר יצחק, Rabbi Salomon, fils d'Isaac; il portait dignement le nom du roi qui personnifiait la sagesse, du patriarche qui personnifiait l'abnégation et le dévouement, le nom de Raschi, רשי, l'imcomparable commentateur de la loi.

Malgré ces titres et ces qualités, il fuyait les honneurs et les éloges, qu'il prenait cependant plaisir à décerner à ceux qui les méritaient.

Lorsqu'il y a douze ans, il s'agit d'élire le chef religieux de la synagogue de France, il fallut le chercher comme un autre Saül ; et, comme ce premier roi d'Israël, quand il apparut ici dans l'assemblée sainte, il domina tout le monde de sa tête angélique, qui annonçait la douceur, la conviction et la dignité ; il captiva le respect et les hommages de tous, et tous, pleins d'estime et d'amour, vous vous seriez volontiers écriés : יחי אדני, vive notre maître, vive celui qui est digne de nous commander.

Hélas ! ce maître tant aimé ne vit plus ; il n'est plus là pour nous diriger, cet esprit conciliant, ce cœur paternel ; il a disparu prématurément de devant nos yeux celui qui portait sur le front l'expression de ces mots autrefois gravés sur le diadème du grand pontife : קדש לה'; s'étant consacré, dévoué à Dieu sur la terre, il est maintenant réuni à lui au ciel, orné de la couronne et admis à goûter le bonheur du juste. Son souvenir seul nous reste ; il restera à jamais dans nos cœurs ; qu'il soit béni et qu'il nous attire à nous-mêmes les bénédictions du Très-Haut.

Pasteurs et rabbins, guidés par son souvenir, soyons ses dignes disciples, c'est le moyen de le faire vivre à jamais parmi nous, כל המניח תלמיד הגון אינו מת. Conservons soigneusement, méditons et propageons tous ses enseignements et ses conseils pour y puiser l'exacte vérité, le sentiment délicat de la justice et de la charité, une haute et inaltérable piété. C'est sur ce modèle que nous avons sans cesse à nous perfectionner pour conduire nos communautés dans le sentier de la religion.

Communauté d'Israël, synagogue de France, guidée par

son souvenir, cultivez cette piété dont il a donné le précepte et l'exemple, et méritez que Dieu lui-même vous éclaire, vous guide et vous protége.

Tous, mes frères, faisons le vœu de ne reculer devant aucun effort, devant aucun sacrifice pour cultiver, pratiquer, soutenir et faire triompher notre sainte religion, dont il a été et restera à jamais l'honneur et la gloire; sur laquelle il ne cessera, par les œuvres qu'il nous laisse, de faire luire une lumière pure et bienfaisante, semblable à celle des astres qui brillent au firmament. (*Daniel*, 12, 3.)

והמשכילים יזהירו כזהר הרקיע ומצדיקי הרבים ככבים לעולם ועד

Amen.